ABENTEUER ADVENT

Eigentlich kennen wir das aus alten Märchen – und die erzählen in ihrer Sprache und ihren Bildern viel vom Leben: Wer einem »Geheimnis« begegnet – und diesem Geheimnis offen gegenübertritt, sei es die verwunschene Prinzessin, der böse Drache, das Einhorn – der kann sich auf Abenteuer gefasst machen. Wer Geheimnisse im Leben zulässt, der kann und wird was erleben. Und so kommt es wohl auch nicht von ungefähr, dass das ursprünglich lateinische Wort »Advent« und das englische Wort »adventure«, auf deutsch »Abenteuer«, auf dic gleiche Sprachwurzel zurückgehen. Wer sich auf das Geheimnis der Menschwerdung Gottes einlässt, wer dem Geheimnis der Weihnacht offen gegenübersteht – der kann und wird was erleben: Abenteuer Advent.

Andererseits: Wer das Geheimnis von Weihnachten verstehen will, der braucht den Advent – der braucht die Zeit, in der wir eingeladen sind, neu leben zu lernen, uns neu auf das Abenteuer Leben einzulassen. Wer Weihnachten feiern will, der braucht diese Wochen, die uns daran erinnern wollen, die uns darauf vorbereiten wollen, was Weihnachten eigentlich für uns bedeutet. Wer Weihnachten wirklich feiern will, der braucht das Abenteuer Advent, damit Weihnachten werden kann.

Advent lässt sich deshalb nur verstehen und entsprechend gestalten, wenn man diese Zeit von hinten her

buchstabiert, wenn man von Weihnachten her denkt. Und genau so wenig, wie Weihnachten nur ein Datum in unserem Terminkalender sein will, genauso wenig sind diese Wochen vor Heiligabend lediglich die Zeit vom 1. Adventssonntag bis zum 25. Dezember, genauso wenig sind diese Wochen nur eine Zeit der Plätzchen und des Einkaufens, eine Zeit von Stress und Weihnachtspost und Adventskranz und »Wir sagen euch an« und, und, und ...
Abenteuer Advent – das ist warten und lauschen, ob sich irgendwas tut. Das ist suchen und sich auf den Weg machen. Das ist mitten im Dunkel den Stern sehen und ihm trauen. Das ist träumen und wünschen, hoffen und ersehnen. Das ist sich nicht zufrieden geben mit dem, was vordergründig ist – das ist sich ausstrecken nach dem, was noch nicht ist – aber was sein könnte. Das ist sehnsüchtig sein nach mehr Leben und Lebendigkeit, das ist Ausschau halten nach Gott in meinem Leben. Das ist staunen können. Das ist wach sein, hellwach – und hinschauen, hinschauen auf mein Leben, auf diese Welt. Und damit fängt das Abenteuer schon an: Das Unsagbare hören, dem Unglaublichen trauen, sich aufmachen, sich auf den Weg machen.
Wer sich dem Geheimnis der Weihnacht nähert, der lässt sich ein auf das Abenteuer, auf das Abenteuer Advent ...

EIN GOTT, DER UNS ENTGEGENKOMMT

Um diesen Weg des Abenteuers gestalten zu können, müssen wir Weihnachten richtig verstehen. Erst dann, wenn wir uns bewusst sind, auf was wir uns da eigentlich einstimmen und vorbereiten wollen, können wir unser Leben daraufhin ausrichten.

Weihnachten – das hat eigentlich nichts mit dem zu tun, was die meisten Menschen und unsere Gesellschaft daraus gemacht haben. Weihnachten, das ist kein nettes, süßliches Fest – und das ist nicht Friede, Freude, Eierkuchen. Das ist nicht eitel Harmonie und das ist nicht Freundlichkeit, auf 48 Stunden begrenzt.

Weihnachten – das stellt unsere Welt auf den Kopf, das ist radikal, das will die Veränderung.

Ein Gott, der Gott, an den wir glauben, wird Mensch. Da liebt uns ein Gott so sehr, dass er selbst Mensch wird.

Da macht sich ein starker, großer, allmächtiger Gott in einem Kind in der Krippe klein, schwach und ohnmächtig. Da lässt sich ein Gott auf uns Menschen so sehr ein, dass er selbst Mensch wird. Da liebt uns einer so sehr, dass er in unser Dunkel, in unser Leid, in unsere Traurigkeit, in unsere Begrenztheit hineinkommt. Da macht sich ein Gott in einem Kind klein, damit wir wenigstens in ihm etwas von der Größe dieses Gottes erahnen können, es vielleicht begreifen können.

Da ist ein Gott so groß und stark, dass er sich klein und schwach machen kann. Da ist ein Gott so voll Liebe, dass er sich ganz den Menschen gibt. Da ist sich ein Gott nicht zu fein dafür, in einem Stall zur Welt zu kommen – in dem Stall meines Lebens, in dem es auch oft dreckig und unaufgeräumt ist – und in dem auch manches manchmal zum Himmel stinken mag.
Gott kommt zur Welt.
Er wartet nicht darauf, dass die Welt, dass wir zu ihm kommen. Er kommt zu uns.
Er bleibt nicht huldvoll lächelnd auf irgendeinem Thron sitzen, nein – er kommt uns entgegen.
Er wird Mensch in einer jungen Frau aus dem Volk Israel. Er hat sich für seine Geburt kein vornehmes Zimmer reservieren lassen – und, kaum zur Welt gekommen, ist Flucht und Obdachlosigkeit und Asyl angesagt. Er macht es sich nicht bequem – er kommt mitten hinein in unser Menschenleben, in das Dunkel, die Heimatlosigkeit, den Dreck, die Begrenztheit unseres Lebens.
Er wartet nicht darauf, dass wir uns auf den Weg zu ihm machen – er kommt uns entgegen. Er kommt zu uns – weil es für uns manchmal so schwer ist, zu ihm zu gehen.
Weihnachten – das ist das Fest des entgegenkommenden Gottes. Das ist das Fest Gottes, das von seiner Liebe zu den Menschen erzählt. Und das ist das Fest der Menschen, die die Liebe dieses Gottes feiern.
Ein Gott, der uns entgegenkommt …

WEIHNACHTEN GESCHIEHT!

Weihnachten kann man nicht machen – Weihnachten geschieht und wird und ist. Weihnachten – das ist das Geschenk Gottes an uns Menschen. Und Weihnachten ist und war und wird sein – egal, ob alle Fenster geputzt sind, wir alle Geschenke haben, die Weihnachtspost erledigt ist, es in den Geschäften keinen Lachs mehr gibt. Mit all unseren Einkaufslisten, raffinierten Menüvorschlägen, den liebevoll ausgesuchten Geschenken, all unseren Vorbereitungen können wir Weihnachten nicht machen – Weihnachten geschieht. Und das ist vielleicht das allergrößte Geschenk, das uns in diesen Tagen geschenkt wird.

Und der, der uns das schenkt, das ist nicht irgendeiner und nicht der Nachbar von nebenan – das ist Gott höchstpersönlich. Ohne ihn gäbe es dieses Fest überhaupt nicht. Und dieses Fest ist völlig unabhängig von all unserem Machen und Tun. Weihnachten findet nicht erst dann statt, wenn wir alle Geschenke bestens ausgesucht haben, alle Karten geschrieben sind, die Wohnung auf Vordermann gebracht ist – nein, Weihnachten ist. Keine Bedingungen, keine Vorleistungen, kein Perfektionismus. Wir brauchen Ursache und Wirkung nicht zu verwechseln.

Die Wirkung – das ist das, was wir aus dem Fest und diesen Wochen des Advents machen. Manchmal kann es uns da schon passieren, dass wir die eigentliche Ursache aus dem Blick verlieren – und eventuell sogar der irrigen Meinung sind, dass das Fest erst dann zum Fest wird, wenn wir alles getan haben. Gott ist Mensch geworden – das war und ist und wird. Weihnachten war und ist und wird sein.

Gott kommt uns entgegen.

Das Fest ist.

Gott wird Mensch.

Das ist Liebe.

Da sagt einer »Ja« zu uns ohne Wenn und Aber. Da liebt uns einer so sehr, dass er nicht wartet, bis wir mit allem fertig sind, sondern der uns einfach entgegenkommt. Da kommt einer in unser Mensch-Sein hinein, mitten hinein in alle unsere kleinen und großen Sorgen, unsere Ängste, unsere Hoffnungen, in unseren Alltag. Da macht sich ein großer, starker, allmächtiger Gott so klein, dass er in unser begrenztes, kleines und oft so ohnmächtiges menschliches Leben hineinpasst. Da wird ein Gott Mensch, ja, wird Kind.

Er kommt mitten hinein in unsere Berge von Geschenkpapier, ist da zwischen Gänsebraten und Parfüm, ist da beim Flötenspiel der Kinder, beim Familienkrach am Heiligabend, ist am Bett des Kranken, ist da beim »Transeamus« des Kirchenchores und beim Glockengeläut in der Christnacht.

Und das ist das Geheimnis und das Geschenk dieser Nacht – der heiligen Nacht: Längst, bevor wir irgendwas tun und egal was wir tun, ist er schon da, kommt er uns entgegen.
Das ist Weihnachten.
Das die frohe Botschaft für alle Menschen, die sie hören wollen: Die Botschaft von entgegenkommenden Gott.

... UND IM DUNKEL STRAHLT EIN LICHT

Gott nimmt uns unsere Dunkelheiten nicht. Es bleiben Krankheit und Tod, Angst und Einsamkeit, Missverständnisse und Verletzungen. Das ist menschlich. Die Begrenzungen unseres menschlichen Lebens stehen in der Spannung zu unserer Sehnsucht nach der Unbegrenztheit. Wir träumen davon, dass die Freiheit grenzenlos sein mag – und stoßen uns dann den Kopf blutig, wenn wir mit diesem Traum an die Grenzen unserer menschlichen Existenz stoßen.
Aber gerade die Begrenzungen unseres Lebens machen unser Mensch-Sein aus: Gäbe es den Tod nicht mehr, wären wir Gott – aber keine Menschen. Wären wir vollkommen, allmächtig, stark – dann wären wir Gott, aber keine Menschen mehr. Kennzeichen unseres Mensch-Seins ist gerade unsere Gebrochenheit. Und diese Gebrochenheit, den Tod, diese Grenzen kann uns

keiner nehmen, wenn er uns nicht unser Mensch-Sein nehmen will. Jede Religion, jeder Guru, jede Sekte, die das verspricht, lügt.
Keiner kann uns das Dunkel unseres Lebens nehmen. Hier auf Erden werden bleiben Tod und Einsamkeit, Krankheit und Grenze.
Und unser Gott hat uns das auch nie versprochen. Ja, er wird die Tränen abwischen – aber wir haben geweint. Er führt uns durch den Tod zum ewigen Leben – aber er kann den Tod nicht wegnehmen. Er nimmt uns unser Dunkel nicht – aber er selbst kommt als Licht in unsere Dunkelheit.
Und das ist die radikale Botschaft des Weihnachtsfestes: Dieser Gott kommt aus seiner Unbegrenztheit in die Begrenzungen unseres menschlichen Lebens hinein, damit wir sie besser aushalten und leben können. Er selbst wird Mensch und unterwirft sich, bei aller Göttlichkeit, menschlichen Begrenzungen. Er weint und leidet, er hat Angst und wird verraten, er ist einsam und unverstanden. Er wird Kind in einer armseligen Krippe im Stall – und stirbt einen qualvollen Tod am Kreuz. Er kann uns unser Dunkel nicht nehmen – aber in seiner Liebe zeigt er sich abgrundtief solidarisch mit uns Menschen: Er kommt mitten hinein in unsere Dunkelheiten. Er verlässt seine göttliche Größe, um in unsere Kleinheit hineinzukommen. Er wird Mensch, um uns so nahe zu sein, wie es nur ein Mensch sein kann. Er, der Unbegreifliche,

macht sich begreiflich, damit wir etwas von der Größe dieses Gottes erahnen können. Er nimmt den Tod auf sich, damit wir gerade in diesen schmerzlichen Stunden nicht allein sind. Er geht uns nach in all unsere menschlichen Situationen hinein – um uns nah zu sein, ganz nah.

Im Glaubensbekenntnis beten wir: »Hinabgestiegen in das Reich des Todes« – ja, die Liebe unseres Gottes geht so weit, dass er sich in eine Welt hineinbegibt, in der scheinbar der Tod das letzte Wort hat. Und auch er kann den Tod nicht wegnehmen – aber er nimmt den Kampf mit ihm auf und er besiegt ihn.

Dieser Gott ist so stark, dass er sich schwach machen kann – in einem Kind in der Krippe, im Gekreuzigten auf Golgota.

Das ist das Licht, das in unsere Dunkelheiten kommt – nicht, um sie wegzunehmen, sondern um sie zu erhellen.

DAS GEHEIMNIS DER WEIHNACHT – DAS GEHEIMNIS DER DREIFALTIGKEIT

Gott ist Gott und bleibt Gott – der allmächtige, der unbegreifliche, der starke Gott. Und doch: Dieser Gott ist so sehr Liebe, ist so sehr Macht und Kraft, ist so sehr Weisheit, dass er sich in Jesus Christus ohnmächtig, begreiflich und schwach macht. Eigentlich ist genau das

die Glaubensaussage über den dreifaltigen Gott, der doch zugleich eines ist: Gott – Liebe – Mensch.
Gott bleibt dunkel und fern und unbegreiflich und allmächtig für uns – und er muss es sein und bleiben!
Was wäre das für ein Gott, den wir Menschen verstehen könnten! Gott muss sich unserem Begreifen entziehen, wenn er Gott sein will. Und Gott verstehen zu wollen – das ist eine Anmaßung von uns Menschen. Wie wollen wir mit unserem begrenzten Denken etwas Unbegrenztes verstehen wollen? Alles, was wir verstehen können, ist in dem Sinn »kleiner« als wir selbst – und was wäre das für ein Gott, der in unser Denken hineinpasst? Gott und sein Handeln muss unser Denken, unser Verstehen übersteigen. Und es müssen die Frage nach dem »Warum?« und die Klage und der Protest bleiben – eben weil wir diesen Gott nicht verstehen.
Und doch ist dieser Gott zugleich so sehr Liebe, dass wir Menschen ihm nicht egal sind – er sehnt sich nach uns, wir liegen ihm am Herzen. Die Liebe ist eine Kraft, die erlösen kann, die Wunder wirken kann, die Menschen verändern kann. Durch diese Liebe, durch die Macht seines Denkens, seines Wollens, kommt eine Kraft zu uns, kommt seine Kraft zu uns. Die Bibel hat dafür viele Bilder: Der Engel, der Gottes Nähe zusagt, die Wolke, die Taube … – aber wie will man das erklären, in Worte fassen, was da zwischen Gott und dem Menschen geschieht? Wir tun uns ja oft genug schwer, zu erklären und

zu verstehen, was zwischen zwei Menschen geschieht – und dürfen doch mit erleben, wie oft da etwas geschieht. Und diese Liebe macht, dass Gott Mensch wird, sich in unsere irdische Begrenztheit mit hineinbegibt, solidarisch wird mit uns Menschen. Aus dem fernen, allmächtigen, starken Gott wird ein Mensch, der unsere Wege mit uns geht, der sich uns zugesellt in all unsere Verstiegenheiten und Verwirrungen hinein, der in unsere Dunkelheiten hineinkommt, der uns nahe kommt, ganz nah. Da ist einer, der unsere Schwachheit auf sich nimmt – und sie gerade deshalb nachfühlen kann. Da ist einer, der weiß, wie sich Schmerzen anfühlen – und der eben nicht nur nette Worte macht. Da ist einer, der weiß, was Dunkelheit und Einsamkeit sind, da ist einer, der weint und zornig ist, da ist einer, der von seinen Freunden verraten und verleugnet wird – und der weiß, was »weh tun« heißt.

Wir brauchen alle drei Seiten unseres Gottes: Wir brauchen den Gott, der sich unserem Verstehen entzieht – wen sonst sollten wir anbeten? Wir brauchen die Kraft, die über uns kommt, uns erfüllt – woraus sonst sollten wir leben? Und wir brauchen die Solidarität dieses Gottes, der sich in unser Dunkel hineingibt, der das Mensch-Sein auf sich nimmt, damit es für uns leichter ist, Mensch zu sein. Wir brauchen den, der unsere Wege bedingungslos mit uns geht ... – wer sonst sollte mit uns gehen?

Das ist das Geheimnis der Dreifaltigkeit: Aus Liebe zu uns wird Gott Mensch. Und Weihnachten – das ist genau der Punkt, an dem der Weg Gottes mit uns Menschen leibhaftig, begreifbar und erlebbar wird.
An Weihnachten bekommt die unendliche Liebe Gottes zu uns Menschen Hand und Fuß und ein Gesicht – das Gesicht eines Kindes in der Krippe, das uns Menschen so sehr liebt, dass es bereit ist, für uns all die Schwachheit und Ohnmacht und schließlich den Tod am Kreuz auf sich zu nehmen.
Und da ist ein Licht in unserer Nacht, da ist ein Stern, der den Weg weist – und da ist eine leise Stimme, die da sagt: »Fürchte dich nicht!«
Das ist Weihnachten ...

GOTT IM ALLTAG LEBEN

Und ein solches Geheimnis will im Alltag gelebt sein. Ich kann diese unsagbare Zusage Gottes nicht auf einen bestimmten Zeitraum und ein Datum begrenzen. Weihnachten – das hat zur Konsequenz: Gott im Alltag leben.
Das heißt: Gott, diesem Geheimnis, einen Raum, eine Zeit geben – dieses Geheimnis in mein Leben hereinholen. Meiner Sehnsucht eine Chance geben, dem Heimweh trauen, den Mut zum Aufbruch haben.

Damit ist wiederum kein Machen und Tun gefragt, sondern ein Sein, eine Lebenshaltung, eine Einstellung dem Leben gegenüber.
Was das heißen kann, können wir an Maria sehen. Sie hat nichts gemacht und getan, sie *war* – und gerade dadurch konnte Gott in ihr zur Welt kommen und Hand und Fuß und ein Gesicht bekommen. Mensch sein – und doch bereit sein für Gottes Ruf, für sein Einbrechen in meinen Alltag. Stehen bleiben, auf Gott schauen, ihn auf mich zukommen lassen – und »Ja« sagen – voll Zweifel, voll Hoffnung, und doch voll Liebe. Sehnsüchtig sein nach dem, was noch nicht ist, suchen, hoffen, erwarten. Lauschen, hinschauen, zu verstehen versuchen, Neues probieren, mich berühren lassen – aufbrechen. Meinen Weg gehen im Namen dessen, der mit mir geht. Das Leben probieren, weil es mir einer zugesagt hat. Die Lebendigkeit nicht verkaufen, bloß weil es dann einfacher und billiger wäre. Mich berühren lassen auf die Gefahr hin, dass ich verletzt werde. Zart sein können, weil Gott selbst mich umarmt. Mit meinen Schwächen stark sein, weil Gott mich liebt. Mich von meiner Angst nicht überwältigen lassen, weil meine Hoffnung größer ist. Glauben, dass der Tod nicht das letzte Wort hat. Vertrauen, weil die Liebe immer noch lebt.
Wer sich von dem Geheimnis der Weihnacht, von dem Geheimnis Gottes berühren lässt, für den ergibt sich ein neues Lebensprogramm – scheinbar Wichtiges wird

unwichtig, Unwesentliches wird plötzlich wesentlich. Der wird bereit, sich alle Pläne durchkreuzen zu lassen, weil etwas Neues und Größeres in sein Leben gekommen ist. Der hat auf einmal den Mut zum Aufbruch, zum Aufbruch in ein anderes Land, in ein Land der Sehnsucht, ein Land der Verheißung. Der bricht auf und geht los so wie die Heiligen Drei Könige, die Hirten – eine Verheißung in den Ohren, einen Stern vor Augen.
Und das Abenteuer beginnt ...

ADVENTLICH LEBEN LERNEN

Die Zusage Gottes ist nicht auf den 25. Dezember begrenzt. Er wird nicht nur einen Tag lang Mensch. Er spricht eine Einladung für unser Leben aus – und die gilt unbegrenzt.
An uns liegt es, ob wir diese Einladung annehmen. An uns liegt es, ob wir mit unserem Leben Antwort geben auf das Wort, das uns gesagt wird. An uns liegt es, ob wir diesem Geheimnis der Menschwerdung Gottes in unserem Alltag Raum geben, ob wir Gott in unserem Alltag leben.
Wer den Advent auf ein Datum reduziert, der hat Weihnachten gründlich missverstanden – und der wird Weihnachten nicht feiern können. Advent will mehr sein als

eine Zeit, mehr als die Wochen vor Heiligabend. Advent ist eine Einübung ins Leben.

Alle Zeichen und Symbole, die ursprünglich mit dem Advent verbunden sind, wollen genau darauf hindeuten – und die Lieder des Advents sind Lieder der Hoffnung und der Sehnsucht. Und wir dürfen diese Sehnsucht nach Leben nicht auf einige Wochen im Jahr begrenzen, die zudem noch oft genug geprägt sind von Umtrieb und Hektik. Adventlich leben – 365 Tage im Jahr.

Und doch brauchen wir gerade diese Zeit, diese Wochen des Advents. Immer wieder geht uns unsere Sehnsucht im Alltag verloren – und dann brauchen wir diese Zeichen, die Texte der Gottesdienste, das Licht der Kerzen, die Lieder des Advents, um uns zu erinnern – an das, was sein könnte. Wir brauchen den Advent, um adventlich leben zu lernen – um im Abenteuer Advent etwas für das Abenteuer Leben lernen zu können. Wir brauchen das konkrete Fest, wir brauchen die Wochen davor, um uns immer wieder neu in solche Lebenshaltungen und Einstellungen einzuüben.

Wir brauchen Lieder, die unserer Sehnsucht Ausdruck geben, wir brauchen das zunehmende Licht der Kerzen am Adventskranz, wir brauchen die vielen kleinen Weihnachtsgeheimnisse, wir brauchen das Rascheln von Geschenkpapier, wir brauchen die ruhige Stunde beim Schreiben der Weihnachtspost, um einen lieben Gedanken an einen Freund zu schicken, wir brauchen die

Rorate-Gottesdienste bei Kerzenlicht, wir brauchen die tröstenden Worte des Propheten Jesaja, wir brauchen diese Wochen des Advents.
Wir brauchen diese Wochen des Advents, um immer wieder neu die Sehnsucht zu lernen, die Verheißungen zu hören, den Blick auf den Stern zu richten. Das, was wir in diesen Tagen »üben«, soll uns dabei helfen, die restlichen elf Monate in einem solchen Sinne zu gestalten. Und genau das ist die Chance des Advents, die wir nicht ungenutzt vorbeigehen lassen sollten.

IM GEHEIMNIS WOHNEN

Dass ein Gott Mensch wird, ja, ein Kind in der Krippe – das ist auch ein Geheimnis unseres Glaubens. Es ist ein Geheimnis, vor dem wir Menschen staunend stehen können, staunend wie Maria und Josef, die Hirten, die Weisen aus dem Morgenland – staunend wie ein kleines Kind unter dem Weihnachtsbaum.
Die Linie des Lebens Jesu: ein großes Geheimnis. Probleme gilt es zu lösen, soweit das möglich ist. Geheimnisse soll man ja nicht auflösen wollen, denn dann ginge etwas Kostbares verloren. Geheimnisse braucht man, um darin zu wohnen. Die Wurzel des Wortes »Geheimnis« ist ja »heim«. In Geheimnissen sind wir beheimatet. Ein armer Mensch, der keine Geheimnisse hat. Er ist auf eine tiefe Weise heimatlos (aus: Piet van Breemen, Was

zählt, ist Liebe – Exerzitien für den Alltag, Freiburg im Breisgau [4]2000).

Es bleibt etwas Geheimnisvolles um dieses Fest, ein ganz bestimmter Zauber. Er verzaubert die Kinderherzen, er schleicht sich zwischen die E-Mails der Computer und die Kurzmitteilungen auf dem Handy, er löst für ein paar Stunden, vielleicht auch nur einen Augenblick lang, die Erstarrung des harten Gesichtes, des kalten Herzens. In den Stunden der Weihnacht spiegelt sich das Licht der Kerzen in dunklen Augen, finden aufgescheuchte Herzen ein wenig Ruhe und Hoffnung, wollen Geschenke sagen: »Ich will dir gut!« Man erinnert sich an die eigenen Tage der Kindheit – und hat ein wenig Heimweh, ein wenig Heimweh nach zuhause. Oder ist es vielleicht doch auch ein wenig Heimweh nach dem Geheimnis unseres Lebens?

Diesen Zauber, diese Sehnsucht, dieses Heimweh dürfen wir nicht verkaufen, dürfen wir nicht hergeben und dürfen wir uns nicht nehmen lassen. Es ist so lebensnotwendig für uns, dass wir Kerzen anzünden, dass wir uns beschenken lassen, dass wir ein wenig Berührung zulassen. Wir dürfen nicht alles entzaubern.

Es ist überlebensnotwendig für uns, dass wir Geheimnisse haben.

STERNENSTAUB …

Wer bist du, Junge, der vom Himmel fiel
was willst du, warum änderst du mein Ziel
lockst du mich in das Feuerland
Grün sprießt aus der Dornenwand
Sternenstaub
fällt in mein Herz

»Sternenstaub«, ein Wort und ein Lied von Klaus Hoffmann, einem deutschen Liedermacher – und mag sein, es geht genau darum: Sternenstaub in mein Herz fallen zu lassen. Dazu muss ich aufbrechen, meinem Weg nach dem großen Stern, dem Geheimnis ausrichten, das Fest feiern – und im Alltag von diesem Sternenstaub leben, Sternenstaub sammeln.
Leben von dem, was ich in dieser Zeit des Festes erleben kann und darf, was seine Spuren in meinem Herzen hinterlässt, was mich berührt, getröstet hat, was mir Mut und Zuversicht gegeben hat.
Manchmal mag das kein großer leuchtender Stern sein – sondern wirklich einfach nur: Sternenstaub …
Und zugleich: mitten in meinem Alltag Sternenstaub suchen und finden – ein Lächeln, ein gutes Wort, ein Sonnenuntergang, die Jagd der Wolken am Himmel, die Pfote, die mir ein großer, schwarzer Hund vertrauensvoll entgegenstreckt, der Brief eines Freundes, ein Gottes-

dienst, der mich berührt, ein Lied, das meine Stimmung ausdrückt, ein Gedicht von Rilke, das Verstehen eines Freundes …

Sternenstaub …

Scheinbar so wenig – und doch so unsagbar viel …

Sternenstaub …

Aber: Wenn man Sternenstaub sammelt, dann kann er sich auch zu einem neuen Stern verdichten …

… UND HOFFNUNGSGRÜN

Das Geheimnis unseres Gottes, das Geheimnis der Weihnacht will unser Leben, will unsere Lebendigkeit.

Dafür stehen all die Zeichen des Lebens, die wir gerade in diesen Tagen in unsere Wohnungen und Häuser und Kirchen hereinholen: Das Grün der Tannen, das Zeichen des Lebens in einer Zeit, in der alles Grün sonst verborgen ist; das Licht der Kerzen in einer Zeit, die hier in unseren Breitengraden von Dunkelheit geprägt ist; Verheißungen von Leben in Fülle in eine Zeit hinein, die voller Katastrophenmeldungen ist.

Wer im Geheimnis wohnt, für den strahlt im Dunkel ein Licht, für den wächst mitten im Winter aus der Wurzel ein Reis, ein grüner Zweig.

Der hofft trotz aller Hoffnungslosigkeit, der vertraut trotz aller Enttäuschungen, der glaubt allen Zweifeln zum Trotz. Der folgt einem Stern und traut einem Wort. Der sieht ein Kind in der Krippe, in einem erbärmlichen Stall – und fällt auf die Knie, um es anzubeten. Der lässt sich von den Pappkulissen unserer Gesellschaft nicht täuschen – der sieht hinter die Kulissen, der fragt nach dem Sinn, der sucht das Mehr, der findet Gott.

...UND FLÜGELSCHLAG

Gott bleibt nicht auf einem fernen Himmelsthron, er kommt im Kind in der Krippe mitten in unser Leben hinein. Er kommt uns entgegen und lässt sich von uns finden – wenn wir bereit sind, ihn zu suchen.

Wer etwas sucht, wirklich sucht, der braucht vor allem ein offenes Herz – oder, wie es beim Propheten Ezechiel heißt: »ein Herz aus Fleisch«. Ein Herz aus Fleisch ist berührbar – und damit auch verwundbar, ein Herz aus Fleisch spürt und fühlt und empfindet. Das Herz aus Stein dagegen ist nicht zu bewegen und nicht zu erschüttern. Und mag sein, dass sich gerade deshalb manche Menschen ein Herz aus Stein zulegen – um eben nicht erschüttert zu werden.

Aber: »Advent ist die Zeit der Erschütterung«, so sagt es Alfred Delp – Advent ist die Zeit der offenen Herzen.

Advent ist die Einladung, mich und mein Herz zu öffnen, mich berührbar zu machen – um vielleicht etwas zu finden, was ich nicht suchte: Ein Kind statt eines Königs, einen Stall statt eines Palastes, Ochs und Esel statt hoch zu Ross.
Wer diese Botschaft des Weihnachtsfestes, wer diesen Gott als Kind auf sich zukommen lässt, für den kann nichts mehr so bleiben, wie es einmal war. Der kann nicht am 27. Dezember zur Tagesordnung übergehen. Der sieht sein Leben mit anderen Augen an. Wer sein Herz geöffnet hat, der sieht mit dem Herzen und der hört mit dem Herzen. Und das ist der Weg zur Lebendigkeit. Wer in dem Sinn mit dem Herzen sieht, für den mag Advent auch eine Zeit der Enttäuschung sein, die Zeit, in der uns scheinbare Täuschungen durchaus schmerzhaft weggenommen werden, wir ent-täuscht werden. Mag sein, dass wir bisher zu sehr im Vordergrund gelebt haben – und den Hintergrund zu wenig beachtet haben. Mag sein, dass wir in die Versuchung geraten sind, zu sehr in die Breite zu leben, alles haben, alles sein zu wollen – und nun auf die Tiefe verwiesen werden. Es könnte sein, dass wir falsche Vorstellungen, falsche Bilder hatten – von mir, vom anderen, von Gott – und dass uns diese Bilder gerade jetzt genommen werden, weil wir mit anderen Dimensionen unseres Lebens, unseres Glaubens konfrontiert werden – weil unser Herz gerade jetzt offen ist für diese anderen Dimensionen.

Der große Gott – ein Kind; ein Kind – Gott. Ein Gott, der in meine Armseligkeit hineinkommt, ein Gott, der den Menschen entgegenkommt. Ein Gott, der mich liebt, ein Gott, der mich will – ein Gott, der mich fragt, so wie er Maria gefragt hat. Ein Gott, der auf mein »Ja« wartet. Ein Gott, der mein Leben auf den Kopf stellt. Nach diesem Fest kann eigentlich nichts mehr so sein, wie es mal war. Und genau das macht die Radikalität und die Existentialität dieses scheinbar so netten Festes aus.

Weihnachten – das ist die Zusage, dass wir aussteigen können und dürfen aus dem Karussell des immer besser, immer schneller, immer mehr – wir brauchen nicht länger zu machen, wir dürfen einfach sein. Wir müssen niemandem beweisen, dass wir gut und toll und attraktiv sind – weil Gott uns so liebt, wie wir sind. Wir können unsere Dunkelheiten zulassen, weil da einer ist, der mit uns hindurchgeht – und brauchen nicht länger zu flüchten in den Vierfarbdruck der Hochglanzprospekte. Wir können und dürfen uns den Erwartungen anderer an uns entziehen, wenn sie uns festschreiben wollen, wenn wir so sein sollen, wie sie uns gerne hätten. Wir können und dürfen unseren Fragen und unserer Sehnsucht trauen. Wir können daran glauben, dass es da etwas gibt, was die banalen Alltäglichkeiten unseres Lebens überschreitet. Da ist etwas, was meinem Leben einen Sinn gibt.

Das Entscheidende ist längst geschehen – ein Gott, der die Menschen so sehr liebt, dass er zu uns kommt, dass er uns entgegenkommt. Er ist nur auf unsere offenen Herzen angewiesen.
Uns in dieses »offene Herz«, in dieses »Herz aus Fleisch« einzuüben, dazu brauchen wir diese Wochen des Advents – damit wir nicht meinen, Weihnachten machen zu müssen, sondern damit wir Weihnachten in uns geschehen lassen können.
Dessen bedarf es eigentlich nicht viel: ein wenig Raum, ein wenig Zeit, in der die Sehnsucht wachsen darf, Stille, in der ich neu hören lernen kann, Lieder, von denen ich mich berühren lassen kann. Es braucht das Licht der Kerzen, das Grün der Tannen, den Barbarazweig, die Freude an den kleinen Heimlichkeiten, an dem unverhofft gefundenen Geschenk. Es braucht das Gespräch zwischen Freunden, einen Kartengruß, ein »Ich denk an dich«. Eigentlich hört sich das nicht viel anders an als das, was alle machen – und doch ist es anders. Es ist kein Machen und Tun, das uns in diesen Tagen unter Stress setzt, es ist eine andere Art zu sein. Es kommt aus einer Zusage Gottes heraus, auf die ich mit meinem Leben eine Antwort versuche. Es ist eine Haltung, eine Einstellung, in die ich mich in diesen Tagen neu einzuüben versuche.
Auf die Frage nach dem »Wozu?« mag es viele Antworten geben. Wenn eine Antwort heißt »Gott wird Mensch, damit wir Menschen endlich Mensch sein können« – dann

wäre das allein Grund genug. Wenn die Antwort wäre: »Damit den Menschen Flügel wachsen« – dann wäre es gut.

Vielleicht sogar sehr gut.

Umschlaggestaltung: Finken & Bumiller, Stuttgart
Umschlagmotiv: stone, München
Bilder im Innenteil: Wolfgang Müller, Oberried

Druck und Bindung: Proost, Turnhout 2001
Gedruckt auf umweltfreundlichem,
chlor- und säurefrei gebleichtem Papier
ISBN 3-451-27594-5